Meine Lieblingsgeschichten der Bibel

JOAS,
der
kleine König

Meine Lieblingsgeschichten der Bibel

ISBN 978-3-86701-210-2
CMV-Best.Nr.: 701.210

3. Auflage 2016

© Grafik: Review & Herald Publishing Association, Hagerstown, Maryland, USA
Titel der amerikanischen Ausgabe: „My Bible Friends"
Illustrationen: Robert L. Berran

© Text: Christlicher Missions-Verlag e.V., 33729 Bielefeld

Printed in Germany

„Leise, kleiner Joas, nicht weinen",
flüstert Tante Joscheba ihrem kleinen Neffen zu.

„Die böse Königin Athalia will dich töten.
Aber bei uns bist du sicher. Wir werden dich gut verstecken.
Eines Tages wirst du König werden.
Du wirst eine goldene Krone auf dem Kopf tragen
und auf einem goldenen Thron sitzen."

Der Priester Jojada und seine Frau Joscheba verstecken Joas, ihren kleinen Neffen, in ihrer Wohnung im Tempel.

Dort lernt der Junge gehen und sprechen.

An seinem Geburtstag stellt er sich an den Türpfosten.
„Bin ich gut gewachsen, Tante Joscheba?", fragt er.
„Ja, schau mal her, wie hoch der neue Strich schon ist."

Am Tage ist die Tür verschlossen.
Niemand darf wissen, dass Joas hier wohnt.
Die böse Königin darf ihn nicht finden.

Abends schiebt Jojada den Riegel weg und geht mit Joas spazieren.

Sie gehen über den Hof des Tempels.
Da fragt Joas:
„Onkel Jojada, warum sind hier so viele Löcher in der Tempelmauer?"

„Die bösen Söhne der Königin haben das gemacht.
Die Königin hat für den Götzen Baal einen Tempel gebaut.
Und ihre Söhne sind in den Tempel eingebrochen und
haben dort viele wertvolle Dinge geraubt."

„Und warum lässt du den Tempel nicht wieder schön machen?",
fragt Joas.

„Man braucht dafür Geld, um die Arbeiter zu bezahlen.
Die bösen Söhne der Königin haben den Tempel ganz arm gemacht.
Wir haben leider nicht genug Geld in der Tempelkasse."

Das gefällt dem kleinen Joas gar nicht!
Gottes Haus, der Tempel, muss doch ein schönes Haus sein...

Der Priester Jojada bringt dem kleinen Joas das Lesen bei.
Zusammen lesen sie die Geschichten von Adam und Eva,
von Kain und Abel, von Noah und der großen Flut.
Sie lesen von Abraham und Isaak, von Jakob und Josef.

Dann lesen sie auch die Geschichte von Mose in der Wüste.
Sie lesen, wie Mose dem Volk sagt:
„Bringt Geld her für das Haus Gottes!"
Sie lesen auch, dass das Volk sich sehr darüber gefreut hat,
dass sie Geld für das Haus Gottes spenden durften.
Es kam damals sehr viel Geld zusammen.

Joas liest gern in dem heiligen Buch Gottes.
Er denkt darüber nach, wie er das Haus Gottes wieder
schön machen kann.

Eines Tages, als Joas sieben Jahre alt ist, versammelt Jojada das Volk.
Er zieht Joas königliche Kleider an.
Dann stellt er ihn vor das Volk.

Die böse Königin ist zu diesem Fest gar nicht eingeladen.
Sie weiß nicht, was gleich geschehen wird.

Ringsum im Hof sieht Joas Soldaten, die ihn bewachen.
Da stehen auch die Sänger und die Musikanten.

Was geschieht jetzt?

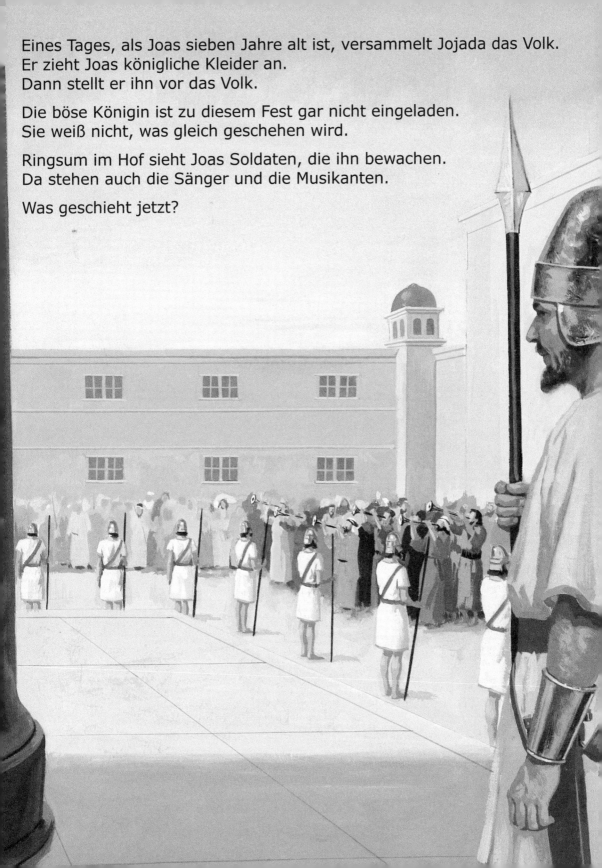

Der Priester Jojada gießt dem kleinen Joas etwas duftendes
Öl auf seinen Kopf. Dann setzt er ihm die Krone auf.

Vorher aber legt er ihm eine Schriftrolle in die Hände.
Als König soll Joas das Wort Gottes lieben und alles tun,
was da drin steht.

Joas ist nun der neue König.
Das ganze Volk jubelt: „Es lebe der König!"

Die Musikanten stoßen in die Trompeten.
Die Sänger fangen an, Gott laut zu loben.

Diesen lauten Tumult hört auch die böse Königin.
Schnell läuft sie zum Tempel.

Als Athalia sieht, was geschehen ist, ruft sie laut:
„Verrat! Verrat!"

Da kommen auch schon die Soldaten angelaufen.
Doch sie helfen ihr nicht.
Sie nehmen die Königin gefangen und führen sie ab.

Die Leute bilden nun einen langen Zug.

Der neue König wird nun aus dem Tempel hinaus
und zum Königspalast hingetragen.

Die Musikanten stoßen laut in die Trompeten.
Die Sänger singen laute Loblieder.
Das ganze Volk freut sich.

Langsam geht Joas zu dem großen, goldenen Thron.

Er klettert die Stufen hinauf und setzt sich drauf.
Seine Füße reichen nicht bis an den Boden,
aber er sitzt aufrecht, wie ein richtiger König.

Wieder rufen die Leute: „Es lebe der König!"

Als Joas etwas größer geworden ist, sieht er wieder die Löcher in der Tempelmauer.
„Hier ist ja immer noch nichts passiert", stellt er fest.

Dann schickt er die Leviten ins Land:
„Geht, und sammelt Geld für den Tempel.
Und beeilt euch!
Ich will, dass der Tempel bald wieder wunderschön ist!"

Aber die Leviten beeilen sich nicht.
Der Tempel ist ihnen leider nicht so wichtig.
Sie bauen lieber ihre eigenen Häuser.

Da beschließt Joas, sich um den Tempel selber zu kümmern.
Er lässt am Eingang eine Truhe aufstellen.
Dort wird ein Loch hineingebohrt.
Das Loch ist so groß, dass man dort Geldmünzen einwerfen kann.

Dann schickt der König seine Boten ins Land:
„Kommt nach Jerusalem und spendet Geld für das Haus Gottes!
Der König will den Tempel wieder wunderschön machen."

Als die Leute das hören, freuen sie sich.
Sie wünschen sich auch, dass der Tempel wieder
in Ordnung gebracht wird.

Von nah und fern kommt das Volk nach Jerusalem.

Da kommen Kleine und Große, Alte und Junge.
Sie freuen sich, für den Tempel Geld geben zu dürfen.
Es ist ihnen gar nicht zu schade.

„Endlich kümmert sich mal jemand um das Haus Gottes!",
freuen sie sich.

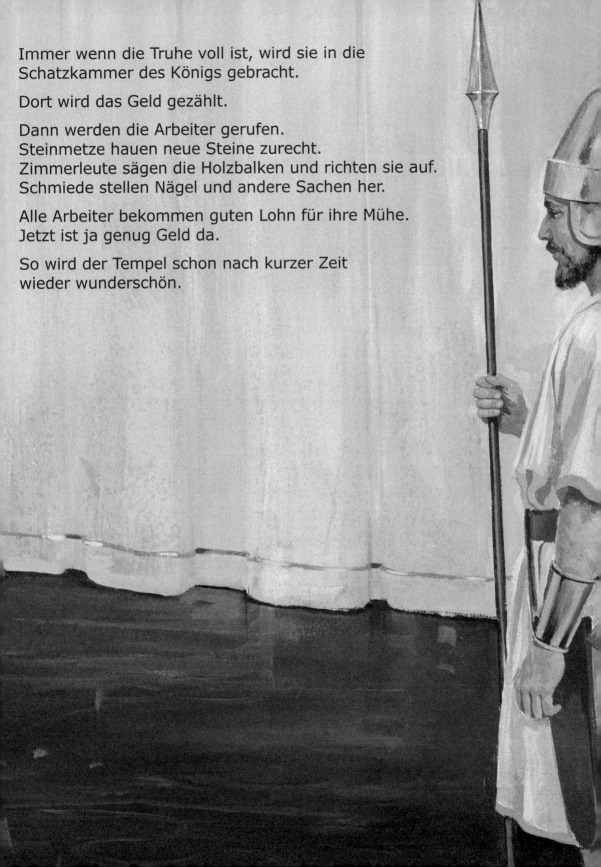

Immer wenn die Truhe voll ist, wird sie in die
Schatzkammer des Königs gebracht.

Dort wird das Geld gezählt.

Dann werden die Arbeiter gerufen.
Steinmetze hauen neue Steine zurecht.
Zimmerleute sägen die Holzbalken und richten sie auf.
Schmiede stellen Nägel und andere Sachen her.

Alle Arbeiter bekommen guten Lohn für ihre Mühe.
Jetzt ist ja genug Geld da.

So wird der Tempel schon nach kurzer Zeit
wieder wunderschön.

Wenn die Leute nun nach Jerusalem kommen,
dann sehen sie keine Löcher mehr in den Wänden.
Sie sehen ein wunderschönes, ordentliches Haus.

Nun können sie hier mit frohem Herzen Gott loben
und sich an ihm erfreuen.
Sie wissen: „Unser Gott ist bei uns.
Er möchte immer unter uns wohnen."

Der König freut sich sehr darüber, dass der Tempel
wieder so schön aussieht.
Es ist ja schließlich das Haus Gottes!

Und Gott freut sich über den jungen König,
der sich so um sein Haus gekümmert hat.